AF461445

NOUVELLES RECHERCHES

SUR LES

BIBLIOTHÈQUES

DES ARCHEVÊQUES ET DU CHAPITRE

DE ROUEN

Par l'Abbé P. LANGLOIS

Chanoine honoraire

ROUEN

FLEURY	LEBRUMENT
PLACE DE L'HÔTEL-DE-VILLE, 4	QUAI NAPOLÉON, 55

—

1854

NOUVELLES RECHERCHES

SUR LES

BIBLIOTHÈQUES DES ARCHEVÊQUES

ET DU CHAPITRE DE ROUEN,

PAR

L'abbé P. LANGLOIS,

Chanoine honoraire.

> Si non ad restituendam, certe ad illustrandam antiquitatem.
> (MABILLON, *Praef. Musei italici*, t. II.)

De nouvelles recherches dans les archives du département, des renseignements importants que je dois à nos savants confrères, MM. A. Deville, André Pottier, Ch. de Beaurepaire, m'ont prouvé de reste que je suis loin d'avoir tout dit, dans mon Mémoire de l'année dernière, sur les Bibliothèques des Archevêques et du Chapitre de Rouen.

Je reviens donc à ces collections importantes, dont la principale, celle du Chapitre, fut, jusqu'en 1790, la seule bibliothèque publique de la Normandie.

On y remarquait, en 1399, cinq beaux livres liturgiques à l'usage du diocèse d'Auch, dont la provenance est inconnue. Des gens de Jean d'Armagnac, archevêque d'Auch, à qui l'antipape Benoît XIII avait donné l'archevêché de Rouen, et qui fut contraint de céder la place à

Louis de Harcourt, se présentèrent pour les acheter, mais ils restèrent au chanoine Nicolas Couette pour le prix de 30 écus d'or. Le Chapitre lui accorda un délai de sept mois pour acquitter cette somme, et arrêta qu'elle serait exclusivement destinée à acheter d'autres livres (1).

Le 4 octobre 1424, c'est-à-dire presque au lendemain de l'adoption du projet de construire une *librairie*, un chapelain de la métropole nommé Jean Chrétien, qui était en même temps curé de Quevillon, vint offrir au Chapitre assemblé un Graduel, dont l'écriture et la notation étaient remarquables. *Gradale notabiliter scriptum et notatum* (2).

En 1476, le chanoine Laurent Surreau disposa de ses livres par un testament dont voici les termes : « Je donne et laisse à cette vénérable église de Rouen plusieurs de mes livres de la sainte Escripture, des Droitz canon et civil, et autres contenus et déclarés en une cédule attachée en la marge de ce testament, et vueil que iceulx livres soient mys et appliqués, et enchaînés en la librairie d'icelle église, pour y estre, tant qu'ils pourront durer, au prouffict et utilité des bons estudiants, sauf à les changer à meilleurs et plus prouffitables, quand on les pourra trouver, et quand mes exécuteurs bailleront et livreront iceulx livres, soit escript en grandes lettres, au commencement et en la fin : Ex dono Laurencii Surreau, in utroque jure licenciati, canonici hujus ecclesie Rothomagensis. Orate pro eo. »

Pour en faire jouir plus tôt le public, il les remit lui-même dans la Bibliothèque trois ans après. En voici la nomenclature :

1. — Unum magnum et perpulcrum volumen, continens

---

(1) Registres capitulaires, 2 novembre et 3 décembre 1399.

(2) Reg. capit., 4 octobre 1424.

epistolas beati Hyeronimi, completas, debito ordine, et sub tabulis et rubricis, ordinatas.

2. — Item. Unum volumen continens primam partem secunde S. Thome de Aquino.

3. — Item. Unum continens secundam partem secunde partis dicte Summe S. Thome.

4. — Item Unum aliud volumen continens primam partem speculi hystorialis Vincencii de Belvaco, scilicet XVI primos libros.

5. — Item. Unum aliud volumen continens alios XVI libros, seu secundam partem dicti speculi.

6. — Item. Unum parvum librum in quo continetur tabula dicti speculi historialis, secundum ordinem litterarum alphabeti.

7. — Item. Unum volumen continens libros, Ethicorum, Polithicorum et Rhetorice Aristotelis.

8. — Item. Commentum S. Thome super dictis libris Ethicorum et Polithicorum Aristotelis.

9. — Item. Unum volumen continens quamplures libros Aristotelis.

10. — Item. Unum parvum volumen de textibus logice.

11. — Item. Valerium Maximum.

12. — Item. De Burgo super Valerio.

13. — Item. Unum volumen continens tres libros : primum, de Mirabilibus Ybernie ; secundum, libros Solini ; tercium, libros Orosii.

14. — Item. Aliud volumen Origenis super cantica canticorum, quod dicitur Periarchon.

15. — Item. Unum volumen continens tractatus de potestate ecclesiastica et regia, et de scismatibus Ecclesie, cum pluribus litteris et epistolis circa predictum scisma.

16. — Item. Bocacius : de Claris Mulieribus.

17. — Item. Librum Augustini de Spiritu et Anima.

18. — Item. Librum Francisci Petrarche, de Vita soli-

taria. — De quo quidem tam magnifico dono Domini (canonici) eidem Surreau debitas impenderunt graciarum actiones (1).

Laurent Surreau n'oublia pas dans son testament la ville de Sens d'où il était originaire. « Item. Et pour ce que mes progéniteurs, que Dieu absolve, mes uncles et tantes ont esté extraits et natifs en la bien renommée cité de Sens, et y ont eu grans biens et honneurs, et aussi mon frère, à qui Dieu pardouint, et moy, sommes natifs d'icelle cité, et encore y ai grand nombre de notables parents et amys qui m'ont fort reconforté et secouru en mon adversité; en remembrance de ces choses et aultres, pour le bien et utilité de toute ladite cité, et des bons prescheurs et autres estudiants, et aussi pour estre à tousiours et demourer participant ès prières, oraisons et suffrages de l'esglise métropolitaine de Saint-Etienne d'icelle ville et cité; je donne et laisse à icelle esglise mon beau *de Lira* sur toute la Bible, qui est en quatre volumes, et mon livre *de Civitate Dei beati Augustini*, et mon livre *Policraticon*, qui autrement est nommé *Saliberiensis de Nugis curialium*, lesquels livres j'ai donnés et donne à ladite esglise, par telles condicions que seront mys et enchaisnés à chaisnes de fer, avecques les aultres livres d'étude d'icelle esglise, et ne pourront estre vendus, aliesnez, prestez, ou mys hors de leurs lieux, excepté en éminent péril, et pour plus grand seurté.

« Item. Veux que au devant que mes exécuteurs baillent et livrent iceulx livres, qu'ils fassent escripre, en grosses lettres, au commencement et en la fin de chacun d'iceulx volumes et livres ce qui en suit : c'est assavoir : *Laurencius Surreau in utroque jure licenciatus, de hac civitate*

(1) Reg. capit., 9 sept. 1479.

oriundus, canonicus Rothomagensis, dedit ac legavit in suo testamento, huic venerabili ecclesie Senonensi, hunc librum talibus adjectis condicionibus; quod in hac Libraria, perpetuo quamdiu durabit, manebit incathenatus, nec poterit vendi, aut quovis modo alienari, nec prestari, aut extra Librariam poni, nisi in eminenti periculo, et pro majori securitate. Orate pro eo, ut celestibus ac perpetuis fruatur gaudiis (1). »

La part qu'il fit à son neveu Richard n'était pas moins belle : « Au regard de mon nepveu maistre Richard, je lui remets tous les deniers que je luy ai baillés, pour le tenir aux escolles à Paris, et ceulx qu'ai reçus pour lui, et comme son procureur de sa cure ; et, oultre, luy donne et laisse mon beau Bréviaire et Journal (diurnal) èsquels je dys mes heures communément, mon Innocent, ma Légende dorée, ma Nouvelle de Jehan Andrieu (Novelle de Jean d'André), deux volumes sur les Décrétales, cinq volumes que j'ay de Panorme, en papier, c'est assavoir : ung volume de petite forme sur le premier des Décrétales, qui n'est pas parfaict ; trois volumes sur le second livre des dites Décrétales, ung volume sur le tiers livre des dites Décrétales, ung livre, en papier, sur le quart livre d'icelles Décrétales, nommé *de Zochis*, et ung volume, en papier, sur la première partie du livre desdites Décrétales, d'ung docteur très excellent, nommé *Jo. de Anania;* Dominique de Sancto Geminiano, en deux volumes, en papier, sur le VIe ; de Immola, sur les Clémentines, en papier ; ung répertoire du dict Dominique sur les Décrétales, en papier, et ung livre, en papier, de lettre moullée, appellé *Preceptorium legis divine*, et ung livre appellé : *Margarita Decreti* que pièça ay fait escripre, en parchemyn. »

---

(1) Original du testament.

Jean Briselance, autre chanoine, laissa, par testament, à la bibliothèque du Chapitre, les ouvrages suivants (1483) : — Manipulus Curatorum cum sinodalibus; Catholicon abreviatum ; Speculum Ecclesie, de Significacione Misse ; Legenda aurea ; Exposicio Dominicarum ; Textus Evangeliorum secundum Johannem Mattheum et Marcum ; Textus Evangelii secundum Lucam ; Textus secundum Johannem cum Glosa ; Liber sibullarum Bede de Diversis ; Sermones super Epistolas et Evangelia, cum naturis avium et bestiarum ; Liber Doctoris Bone Adventure ; Speculum humane vite ; Rationale divinorum officiorum ; Exempla sacre Scripture ; Postila super Epistolas et Evangelia ; Guillelmus Parisiensis et Speculum humane Salvacionis ; Tractatus de Contemptu mundi ; Meditaciones sancti Bernardi, gallice ; Fasciculus temporum cum cronicis ; Statuta sinodalia ; Omelie B. Gregorii pape ; Via Paradisi ; quelques livres français, entr'autres : *Bonnes Mœurs et Chroniques*, et le *Coustumier de Normandie* (1).

Le grand chantre Michel Petit, que nous avons vu, en 1492, livrer à l'impression un ouvrage de la bibliothèque (2), légua, en 1498, à son confrère Etienne Haro, pénitencier, deux volumes des sermons de Jacques de Voragine, imprimés sur papier, avec un autre volume de sermons pour le Carême écrits de sa propre main ; à Jean Dufour, un *Rationale divinorum officiorum* ; à un autre ami, nommé Antoine, quatre volumes de Nicolas de Lyre, écrits en partie de la main du donateur ; un livre en parchemin, intitulé : *Oculus sacerdotis*, et un grand bréviaire, en papier, à l'usage de Rouen. Il destina aux chanoines de Lisieux les deux tomes de son grand bré-

(1) Ultimus papyrus Joh. Briselance.

(2) Voir nos premières *Recherches sur les bibliothèques des archevêques et du Chapitre de Rouen*, 1853, in-8°, p. 23.

viaire, en parchemin, à l'usage de Lisieux. Il était curé de la paroisse Saint-Gervais et Protais dans ce diocèse (1).

L'archevêque Robert de Croixmare, tout occupé sans doute du grand jeu d'orgues qu'il faisait construire dans son palais, par un Allemand, pour placer au fond de la nef de son église, et qui passait pour le plus beau de l'univers, laissa une bibliothèque inférieure à celle de beaucoup de chanoines (2). Elle ne se composait que de onze volumes parmi lesquels neuf manuscrits qui sont : *Decretum; Legum institutio; Apparatus sexti libri Decretalium; Decretales; Valerius de Burleyo super libro de Generatione Aristotelis; trois Missels et un Manuel à deux fermoirs d'argent doré, aux armes du prélat* (3).

Je renvoie aux pièces justificatives n° I les statuts de la librairie rédigés en latin et adoptés par le Chapitre le 10 janvier 1428. Sans le soin que M. Deville prit de les transcrire, il y a environ douze ans, nous serions privés de ce curieux document que le canif d'un amateur trop passionné d'autographes a subtilement détaché du registre capitulaire.

Dans la dernière moitié du XVIe siècle, grâce aux progrès de l'art typographique et à l'impulsion que les grands cardinaux d'Amboise et de Bourbon donnèrent aux lettres

---

(1) Testament de Michel Petit, 4 mars 1498.

(2) Suis sumptibus organa predictæ Ecclesiæ, totius orbis pretiosiora et pulchriora, cum immenso sumptu componi jussit. (Note de la main du Doyen Jean Masselin dans l'Obituaire 6 bis, aux Archives du département. — Voir l'excellente notice sur Jean Masselin, p. 30, par M. Ch. de Beaurepaire, et notre *Revue des Musiciens de la Métropole de Rouen*, in-8°, p. 11.)

(3) Reg. capit., 2 juin 1494.

dans leur diocèse, plusieurs chanoines de Rouen formèrent d'importantes collections de livres (1)

En 1570, l'archidiacre Jean Nagerel comptait dans son cabinet environ trois cents volumes. Je citerai seulement Bocace, de Genealogia Deorum; Historia Bizantina; Platina; Navis fluctifera; Bède; Tertullien; Gerson; Polydore Virgile; Pétrarque; l'Anti-Luther de Clictoue; Rerum Anglicarum libri quinque; Malleus maleficorum, Liber mirabilis prophetiarum; la description de l'Asie et de l'Europe par le pape Pie II; de Antiquitatibus Italiæ; Gallien; Avicenne; Almanzor; Hippocrate; Methodi medendi, vel de Morbis curandis libri quatuordecim. On sait que Jean Nagerel est un des continuateurs de la *Chronique de Normandie*; il avait apparemment hérité des livres de son oncle, Robert Nagerel, chanoine et docteur en médecine (2).

Le chanoine Claude Chapuis, ancien bibliothécaire de François Ier et secrétaire du cardinal du Bellai, évêque de Paris, possédait aussi trois cents volumes, mais la plupart assez communs, et peu en rapport avec son ancienne profession. Je remarque néanmoins dans son inventaire, outre vingt-cinq volumes en langue italienne, Nicéphore, Théodoret, Paul Orose, Budée, du Bellai, Ronsard en cinq volumes, Philippe de Commines, une histoire ano-

---

(1) Dans la dédicace de son édition de Saint Irénée à l'archevêque Charles Ier de Bourbon, le franciscain François Feu-Ardent parle des érudits dont ce cardinal animait et récompensait les travaux. Catherine de Bourbon, sa sœur, abbesse de Notre-Dame de Soissons, lisait et citait la sainte Ecriture et les Pères, aussi bien en latin qu'en français; elle recherchait la société des savants, les protégeait, et se plaisait à exercer leur sagacité par les questions les plus difficiles.

(D. Irenæi opera, 1575. Præfat. sub finem.)

(2) Inventaire des meubles de J. Nagerel.

nyme des Plantes. Claude Chapuis était poète, et Marot estimait ses poésies. On en trouve des pièces dans le recueil intitulé : *Blasons anatomiques du corps féminin*, imprimé à Lyon par Junte en 1537 ; il publia en 1538, son *Panégyrique en rime française*, au roi François Ier, à son retour de Provence ; en 1539, la *Complainte de Mars*, sur la venue de l'empereur Charles-Quint en France ; la même année, son *Discours de la Court ;* en 1543, une pièce satyrique intitulée : l'*Aigle qui a fait la Poule devant le Coq à Landrecies ;* en 1545, *le Grand Hercule gallique qui combat contre deux ;* en 1549, une pièce sur le sacre et le couronnement de Henri II ; en 1550, une harangue au même prince, lors de son entrée à Rouen ; et la *Réduction du Hâvre* par Charles IX, en 1563.

François Ier rémunéra le talent de Claude Chapuis, en lui conférant la dignité, jusqu'alors élective de haut doyen du Chapitre de Rouen (1536). Prévoyant avec raison l'opposition des chanoines, ce monarque leur écrivit quatre lettres pour les contraindre d'accepter le doyen de son choix. Le cardinal du Bellai, évêque de Paris, le connétable de Montmorenci, écrivirent aussi dans des termes qui montrent tout le cas qu'ils faisaient de Claude Chapuis. Le Chapitre sut résister à ces puissantes influences, et Claude Chapuis, obligé d'abord de se contenter de la place de grand-chantre, fut bientôt forcé de descendre au rang de simple chanoine (1).

La bibliothèque de Pierre Lambert, chanoine et pénitencier, dépassait le nombre de six cents volumes. Essentiellement théologique, cette collection renfermait surtout

---

(1) *Voir* ces lettres du roi, dans les registres capitulaires, aux 2 octobre, 15 novembre et 5 février 1536, celle de M. de Montmorenci, au 25 janvier, celle du cardinal du Bellai, au 2 octobre même année.

des Pères de l'Eglise, au nombre d'environ quarante, des controversistes, et cent volumes d'auteurs protestants, que Pierre Lambert avait sans doute retirés de la circulation.

La bibliothèque de Marien de Martimboz, chancelier de la Métropole, abbé de Jumiéges, et conseiller au Parlement de Normandie, mérite une attention particulière. M. de Martimboz avait longtemps possédé toute la confiance du cardinal Charles Ier de Bourbon. Comme lui, il aimait passionnément les lettres, et, lorsqu'ils résidaient à Saint-Germain-des-Prés, ils passaient ensemble de longues veilles dans la cellule de Dom Jacques du Breul, qui, plus tard, écrivit l'histoire du cardinal, et dédia à M. de Martimboz, qu'il appelle son Mécène, son édition des œuvres de Saint Isidore de Séville.

On voyait, dans la bibliothèque de M. de Martimboz, toutes les éditions des Pères qui avaient paru jusque-là, tous les chefs-d'œuvre typographiques des Etienne, des Plantin, etc.; le Droit seul y figurait pour deux cent cinquante volumes; l'histoire y était représentée par les meilleurs annalistes de l'antiquité et des temps modernes. La collection entière montait à plus de sept cents volumes, qui furent vendus et dispersés en 1614. On trouva, parmi les livres, une boîte de plomb qui renfermait le cœur du cardinal de Bourbon, le roi de la Ligue. Après la mort de M. de Martimboz, M. de Malaunay, son frère, la déposa à la sacristie. On ignore ce qu'elle devint dans la suite.

Tout le monde connaît le savant Emeric Bigot, éditeur de la vie de saint Jean Chrysostôme, par Pallade, l'ami de du Cange, de Ménage, d'Heinsius, et de tant d'autres érudits. Peu s'en fallut que sa bibliothèque, si riche en manuscrits et en bons ouvrages de tout genre, ne fût incorporée à la bibliothèque du Chapitre. Son testament, dont il existe une copie aux Archives du département, porte que l'argent qui proviendra de la vente de ses meubles et de certains arrérages sera constitué en rentes, pour augmenter sa bibliothèque; qu'elle sera jointe à celle de son père, sans que les deux collections soient confondues. Dans le cas où la bibliothèque de son père serait vendue, il dispose ainsi de la sienne : « . . . Je déclare que je donne tous mes livres à MM. les Chanoines de Rouen, pour être portés à leur bibliothèque ; je leur donne aussi tout l'argent provenant de mes meubles et arrérages de rente afin d'acheter des livres. Au cas que MM. les Chanoines ne voulussent point accepter cette donation, ou que l'on négligeât d'acheter annuellement des livres, je déclare que je donne tous mes livres et tout le revenu provenant de mes meubles à l'Hôtel-Dieu et au Bureau des valides, pour être partagés par moitié. Tant que la bibliothèque de mon père subsistera, et que l'on sera soigneux d'acheter des livres à proportion du revenu, je prie MM. les Chanoines d'envoyer tous les ans leur bibliothécaire, pour visiter cette bibliothèque, et, pour cet effet, je consens qu'on donne annuellement à la Bibliothèque de Notre-Dame, la valeur de 30 fr. en livres, à la volonté du bibliothécaire. . . . . . . Je prie M. Bonaventure Lebrun, ecclésiastique (Lebrun-Desmarettes), de faire le catalogue de mes livres, et, pour sa peine, je lui donne 200 fr. en argent, ou la valeur en livres, s'il l'aime mieux. . . . »

Pour le malheur du Chapitre et de la ville de Rouen, ce testament ne fut pas mis à exécution. On sait que la bibliothèque Bigot fut mise en vente à Paris, et que l'abbé de Louvois en acheta les manuscrits pour la Bibliothèque du roi.

Nicolas Colbert, archevêque de Rouen, par la mort du marquis de Seignelai, son frère aîné, devint l'heureux possesseur de la fameuse bibliothèque Colbert, formée à si grands frais par le Ministre, leur père. Mais il ne paraît pas qu'il ait jamais songé à en enrichir son église métropolitaine ; par son testament en date du 5 décembre 1707, il en disposa comme il suit : « . . . . Ordonne ledit seigneur testateur, que le marquis de Seignelai (son neveu) laissera à M. l'abbé de Seignelai, son frère, tous ses livres, manuscrits et autres choses qui composent sa bibliothèque de Paris, sans aucune réserve, pour la somme de 60,000 liv.; espérant ledit seigneur testateur, que ledit sieur abbé de Seignelai, son neveu, dans lequel il a toujours reconnu de bonnes inclinations, conservera une bibliothèque qui convient à l'état qu'il a embrassé, laquelle a été formée avec tant de soin par un père si respectable, lequel a toujours désiré qu'elle ne fût point dissipée, et que, dans cette vue, le sieur abbé de Seignelai, son neveu, prendra des mesures pour la perpétuer dans la famille. . . . »

On sait qu'il en alla des dernières volontés de Nicolas Colbert, comme de celles d'Emeric Bigot. La bibliothèque Colbert fut mise en vente en 1728, et les manuscrits passèrent dans celle du roi.

A tous les savants mentionnés dans mes premières *Recherches*, qui trouvèrent dans la bibliothèque du Chapitre de Rouen, avec un accueil gracieux, tous les renseignements qu'ils cherchaient, je dois ajouter le nom de l'Anglais Thomas Carte, connu en France sous le nom de Philips, et auteur d'une Histoire générale d'Angleterre. Vers 1744, il copia, sous les yeux de l'abbé Saas, alors bibliothécaire, le cérémonial du couronnement des rois d'Angleterre, dans le fameux Bénédictionnaire de Robert, archevêque de Cantorbéri. Mais, quelques années après, il ne demanda rien moins qu'une copie entière de ce magnifique manuscrit. « . . . Je souhaite, avec grand empressement, de l'avoir bien exacte, écrivait-il à l'abbé Saas, le 15 janvier 1747 ; je ne voudrais pas que la moindre chose y contenue fût omise. . » Dans leur chapitre général du 22 août suivant, les chanoines permirent que cette copie fût exécutée telle que la désirait l'historien anglais (1).

Dom Toussaints Duplessis, bénédictin de Saint-Ouen, n'obtint pas un accès aussi facile dans les Archives du Chapitre, lorsqu'il fut chargé, par l'archevêque Louis de Tressan, d'écrire l'histoire du diocèse de Rouen, ouvrage pour lequel il reçut annuellement 1,000 liv. sur la Chambre ecclésiastique, à partir du 1er juillet 1730.

Ce fut le 9 novembre 1733, que le père Duplessis se présenta en personne devant le Chapitre assemblé, pour

---

(1) Saas, *Notice des Mss. de l'Eglise de Rouen*; in-12, 1746, p. 8. Réfutation de l'écrit de D. Tassin sur cette notice, p. 26, et registre capit., 22 août 1747. La Notice des Mss. de l'Eglise de Rouen, des Mss. et livres donnés par Richard Simon à cette église, forme, avec les pièces justificatives, un in-12 de 120 pages, qui parut en 1746. C'est une nomenclature assez sèche des Mss., qui en indique rarement l'âge, le caractère et les singularités. En 1747, D. Tassin, religieux de l'abbaye de Saint-Ouen, publia une critique de l'ouvrage de Saas, sous ce titre : *La Notice des Mss. de la Bibliothèque de l'Eglise de Rouen, revue et corrigée par un Bénédictin de la congrégation de Saint-Maur*; in-12 de 58 pages. La même année, Saas répondit par la *Réfutation de l'écrit de D. Tassin, sur la Notice des Mss.....*; in-12 de 49 pages. Dans ces deux opuscules, on trouve plus de personnalités et de récriminations que de vraie science et de remarques solides ; du reste, l'inimitié des deux champions n'était qu'à la surface et dans les mots seulement. La défense de Saas parut en même temps que l'attaque de D. Tassin, ce qui prouve que celui-ci avait eu la courtoisie de montrer son manuscrit à son adversaire. Dans le temps qu'ils se lançaient les traits les plus malins pour l'amusement du public, ils trafiquaient de livres, dans la meilleure intelligence du monde, et en faisaient l'un pour l'autre de gros achats à Paris. C'est ce que prouvent les comptes de la Bibliothèque capitulaire, conservés aux Archives du département

obtenir communication des titres et pièces utiles à son entreprise. Le Chapitre décida qu'on lui accorderait l'entrée des Archives, mais en présence de MM. Cuquemelle, Dutot-Frontin, de Boves et de Belleville, nommés sur-le-champ commissaires à cet effet, à condition qu'aucune pièce ne serait déplacée, et que les commissaires ne lui mettraient sous les yeux aucun titre qui pût préjudicier au chapitre (1).

Dom Duplessis tira ce qu'il put de ce riche dépôt, sous les yeux de ses surveillants, et continua ses travaux jusqu'en 1737. Le 2 juin de cette année, il pria Mg[r] de Saulx-Tavannes, successeur de Louis de Tressan, de lui donner pour censeur M. de Saint-Gervais, membre du Chapitre (2). Le 4 septembre suivant, M. de Saint-Gervais, écrivant au prélat, se montrait satisfait des recherches et du style de l'auteur; alors Dom Duplessis pressa l'archevêque de lui dire aussi son sentiment sur son livre, de lui nommer un censeur royal, et lui proposa de désigner M Secousse pour remplir cet office. Mais Mg[r] de Saulx-Tavannes, craignant que l'ouvrage n'excitât du bruit et des disputes dans son diocèse, voulait le soumettre préalablement à d'autres examinateurs, gagnait du temps, et ne donnait à l'impatient auteur ni censeur royal, ni permission d'imprimer. Dom Duplessis n'y tenait plus. De dépit, il livra son manuscrit aux flammes, et en informa l'archevêque par une lettre où se montre à découvert ce caractère bouillant et téméraire qui lui valut plus

(1) Reg. Capit., 9 nov. 1733.

(2) Jean B. de Carrey de Saint-Gervais était chanoine depuis le 5 février 1694. Le 29 octobre 1749, il résigna sa prébende à Jacques-François-Augustin de Carrey de Saint-Gervais, son neveu, diacre, bachelier de Sorbonne, lequel fut élu doyen par le Chapitre, le 16 avril 1785, et rétabli dans la même dignité par le décret exécutorial de Mg[r] Cambacérès, du 6 messidor an X.

d'une fois des reproches trop mérités Le général de la congrégation de Saint-Maur, Dom Réné Laneau, écrivit à Mgr de Saulx-Tavannes une lettre aussi humble que sage, pour calmer sa juste indignation ; on la trouvera plus loin, aux pièces justificatives n° II avec celles de M. de Saint-Gervais et de Dom Duplessis.

Pour celui-ci, cité devant le conseil de sa congrégation, il fut sans doute condamné à réparer sa faute en recommençant le travail qu'il avait follement détruit, et il se soumit à cette dure sentence, car on vit paraître en 1740 sa *Description de la haute Normandie*, en deux volumes in-4°, mais cet ouvrage n'est que l'introduction de l'*Histoire de l'Eglise de Rouen*, que l'auteur n'acheva pas. Dom J.-B. Bonnaud fut chargé de la continuer, et après lui, vers 1760, Dom Jacques-Louis Lenoir, entre les mains duquel elle prit les proportions d'une *Histoire de Normandie*. Avant 1770, il en avait publié le prospectus en quatorze pages in-4° (1) ; la révolution et la mort de l'auteur, arrivée à Saint-Germain-des-Prés, au moment où la nation s'emparait des abbayes, empêchèrent l'impression de l'ouvrage. Le manuscrit, fruit d'un demi-siècle de travaux et des veilles de plusieurs savants religieux, est aujourd'hui conservé dans la famille de Mathan qui le tient de M. l'abbé de la Rue.

---

(1) *Hist. littér. de la congrég. de Saint-Maur*, p. 758, et renseignements particuliers de M. Ch. de Beaurepaire.

—

PIÈCES JUSTIFICATIVES.

N° 1.

Statuta Librarie Ecclesie Rotom., 10 *janvier* 1428.

(Copie de M. A. Deville.)

Quia Librariam nimis communem faciendo, multis modis libri dampnificari possent, nonnullique inde furto auferri; ne hujus modi inconvenientia valeant contingere in futurum; pro securiori librorum conservacione, conclusa fuerunt in capitulo illa que sequuntur :

Primo. Quam solis Dominis de capitulo claves Librarie dentur.

Item. Quam quicumque aliquem extraneum in Libraria introduxerit, teneatur in eadem tamdiu stare, quamdiu extraneus ille ibidem resederit, nisi talis a capitulo licenciam expressam obtinuerit, aut aliquis pro eo.

Item. Quicumque clavem Librarie amiserit, ad mutacionem sere, et ceterarum clavium, propriis sumptibus suis teneatur.

Item. Ne quis, amissa clave sua, novam possit facere fabricari, videtur, quam singuli Dominorum de capitulo, juramento, aut obligacione . . . . sunt, ne alter alteri, suam communicare possit pro faciendo fabricari novam.

Item. Quam singuli Domini de capitulo, teneantur similiter, de clavibus suis ostensionem facere, sub pena quinque solidorum quater in anno; videlicet: diebus quibus obitus sollempnes regis celebrantur, ut, si que clavis amissa sit, provideatur, ut premissum est.

Item. Quam nullus, intrando Librariam, permictat canes aut canem intrare, sub pena sex alborum pro..... pro convertendo ad usum Librarie predicte.

Item. Quam nullus sub pena quinque solidorum dimittat in exitu, vel in introitu suo *hostium* apertum, pro convertendo ut supra.

Nota. — La rigueur de ces statuts fut adoucie en faveur du public, par une délibération capitulaire en date du 20 août 1439. Je l'ai insérée dans mes premières *Recherches*. .., p. 26.

N° II.

Lettres touchant la publication et la composition de la Description géographique et historique de la Haute-Normandie. *Paris*, 1740, 2 *vol. in-4°, par Dom Toussaints Duplessis.*

(Archives du département.)

DOM DUPLESSIS A MONSEIGNEUR DE SAULX-TAVANNES, ARCHEVÊQUE DE ROUEN.

Monseigneur,

Il y a quelque temps que mon manuscrit est tout prêt, et je l'aurais dejà envoyé à Votre Grandeur, si ce n'est que je suis condamné à prendre incessamment les eaux minérales de Saint-Paul (1), et j'arriverai sans faute à Rouen le 16 de ce mois. Je porterai mes cahiers avec moi, et j'aurai l'honneur de les remettre moi-même entre les mains de Votre Grandeur. Si, dans ce temps-là, Monseigneur, vous n'étiez pas à Rouen, je vous prie de vouloir bien me marquer entre les mains de qui vous souhaitez que je les remette. Je serais charmé que Votre Grandeur voulût bien me donner M. l'abbé de Saint-Gervais pour censeur, mais, de votre main, je ne puis manquer d'avoir un homme judicieux et équitable.

J'ai l'honneur d'être, avec le plus profond respect,

Monseigneur,

De Votre Grandeur,

Le très humble et très obéissant serviteur,

F. Toussaints Duplessis, m. b.

Paris, 2 juin 1737.

L'ABBÉ DE SAINT-GERVAIS A MONSEIGNEUR DE SAULX-TAVANNES.

Monseigneur,

Le P. Duplessis me fait de grands reproches, et je vous avoue qu'il n'est pas tout-à-fait dans son tort. J'aurais dû, selon ma promesse, vous rendre compte de la lecture que j'ai faite de son ouvrage. Mais comme il ne m'a communiqué jusqu'ici que la moitié du premier volume de cet ouvrage, et d'ailleurs une lettre n'étant guères propre à développer tout ce que j'aurais à dire, j'ai cru bien faire d'attendre votre arrivée, parce que la langue est

(1) A Rouen, faubourg Martainville.

plus propre qu'une plume à ces sortes de détails. Ce que je peux vous assurer d'avance est que sa matière est très bien prise ; son style est clair et ses recherches lui ont fourni des matières assez neuves, et qui font plaisir à lire, de la manière dont elles sont débrouillées. Mais, après tout, je ne suis pas encore en état de parler avec pleine connaissance, parce que ce qui m'a esté communiqué n'est guères autre chose qu'une espèce de préface qui contient l'ancienne géographie du diocèse ; elle m'a fait plaisir à lire, en ce que l'érudition dont elle est chargée tombe à plomb sur son objet.

Je suis, avec le plus profond respect,

Monseigneur,

Votre très humble et très obéissant serviteur,

SAINT-GERVAIS.

Rouen, 4 septembre 1737.

Oserai-je vous supplier de faire savoir au P. Duplessis que j'ai eu l'honneur de vous écrire ?

DOM DUPLESSIS A MONSEIGNEUR DE SAULX-TAVANNES.

Monseigneur,

J'ai lieu de croire que M. l'abbé de Saint-Gervais vous a fait enfin son rapport sur mon manuscrit ; Votre Grandeur m'a fait l'honneur de m'écrire de Gaillon, que, dès que ce rapport lui serait fait, elle me manderait ce qu'elle en pense, et je suis dans une véritable impatience de savoir si elle en est contente ; il est temps de songer à un censeur royal. Si M. Secousse agréait à Votre Grandeur, je lui porterais incessamment mon manuscrit, et je le prierais de l'examiner à son tour en censeur et en ami.

J'ai l'honneur d'être avec le plus profond respect,

Monseigneur,

De Votre Grandeur,

Le très humble et très obéissant serviteur,

Fr. Toussaints DUPLESSIS, m. b.

Paris, 29 octobre 1737.

DOM DUPLESSIS A MONSEIGNEUR DE SAULX-TAVANNES.

Monseigneur,

On achève de copier la seconde partie de mon premier tome; et je l'envoierai à M. l'abbé de Saint-Gervais dès qu'elle sera au net pour le prier d'y faire ses observations. A l'égard de la première partie, il l'a lue, non à la hâte, ni légèrement mais à tête reposée, et, j'ose dire, avec satisfaction, puisqu'il me l'a asseuré lui-même. Il m'a ajouté qu'il n'y avait rien trouvé d'essentiel qui méritât d'être corrigé; qu'il aurait souhaité seulement que je me fusse un peu plus étendu que je n'ai fait sur l'église d'Harfleur. Enfin il m'a promis un Mémoire là-dessus; je l'attends et j'en ferai usage; mais, pour cela, il n'a plus besoin de cette seconde partie et je vous avoue, Monseigneur, que je ne puis la perdre de veue; c'est maintenant la seule copie que j'en aie : mes brouillons ne subsistent plus. M. de Foncemagne, l'un des plus sçavants et des plus judicieux Académiciens de notre siècle, à qui j'ai présenté mon manuscrit, avant de le remettre à M. l'abbé de Saint-Gervais, l'a lu avec attention, l'a approuvé, et l'a même apostillé de sa propre main dans les endroits où il l'a cru nécessaire. M. l'abbé de Saint-Gervais qui l'a eu entre les mains pendant deux mois consécutifs, en a porté plus d'une fois un jugement favorable en ma présence. Enfin le censeur royal, tel qu'il plaira à Votre Grandeur de le choisir, l'examinera à son tour. Ces trois examens ne sont-ils pas suffisants? Je suis le seul qui risque ma réputation et mon honneur en imprimant ; et cependant, sur le seul suffrage de l'un des trois, j'imprimerais avec confiance. Si j'ai insinué à Votre Grandeur qu'il était temps de penser à un censeur royal, c'est qu'en lui mettant aujourd'hui mon manuscrit entre les mains, l'impression en irait plus vite. Le censeur lirait la première partie, pendant que MM. de Foncemagne et de Saint-Gervais examineraient la seconde, et nous imprimerions toujours à mesure. Il me semble, Monseigneur, que je ne propose rien à Votre Grandeur qui ne soit dans toutes les bonnes règles. J'attends sur cela l'honneur de sa réponse, et je suis avec le plus profond respect,

Monseigneur,

De Votre Grandeur,

Le très humble et très obéissant serviteur,

Fr. Toussaints DUPLESSIS, m. b.

Paris, 21 novembre 1737.

DOM DUPLESSIS A MONSEIGNEUR DE SAULX-TAVANNES.

Monseigneur,

Je sçais trop le respect que je dois à Votre Grandeur, pour ne pas réfléchir meurement à ce que j'ai l'honneur de lui écrire. Depuis longtemps j'avais lieu de soupçonner que je travaillais sans avoir ni sa confiance, ni celle de Messieurs ses vicaires généraux, ou du Chapitre de la Cathédrale. et je vois enfin clairement que je ne me suis point trompé. D'abord, l'entrée du cabinet de votre chartrier, Monseigneur, m'a été refusée tout net, et cela, par vos ordres. C'est cependant là que je pouvais trouver une grande partie des matériaux les plus nécessaires à la composition de notre ouvrage. Messieurs du Chapitre m'ont ouvert le leur de bonne grâce, mais il ne m'a été permis d'en tirer que ce qu'ils ont bien voulu me mettre sous les yeux. Il en a été de même des Archives de l'Hôtel-Dieu (je veux dire de celles qui sont au pouvoir des administrateurs) et d'un assez grand nombre d'autres que je ne nomme pas. Malgré cela, je travaillais sans me rebuter, et je tâchais de suppléer d'ailleurs à ce qui me manquait de ce côté là. Lorsque je me suis trouvé sur le point d'imprimer, loin de chercher à me soustraire à l'examen de mon ouvrage, je l'ai présenté d'abord à M. de Foncemagne, l'un des plus illustres, et des plus méritants de nos Académiciens, qui l'a lu, et qui l'a jugé digne de son approbation. J'ai proposé ensuite à Votre Grandeur de le soumettre à la critique de M. l'abbé de Saint-Gervais. C'est un chanoine de votre cathédrale même, et ce n'est ni le moins sage ni le moins éclairé d'entre ses confrères ni enfin le moins attaché aux droits de son église. M. l'abbé de Saint-Gervais, sur la commission que vous lui en avez donnée, l'a lu pareillement, et j'ose ajouter qu'il en a fait l'éloge ; enfin, pour ne point paraître éluder un dernier examen de rigueur, j'ai marqué à Votre Grandeur que j'étais prêt de l'envoyer au censeur royal, tel qu'il lui plairait de le choisir. Toutes ces démarches, quelques régulières et non équivoques qu'elles soient, n'ont pu la contenter. Vous voulez, Monseigneur, avant que de penser au censeur royal, m'assujétir encore à de nouveaux examinateurs, et il ne m'est plus possible de mon côté de ne pas trouver là une nouvelle marque de défiance. Je sçais que je n'ai pas droit d'exiger une confiance entière, mais je sens néanmoins, sans trop me flatter, que je la méritais ; je sçais aussi que Votre Grandeur doit avoir une attention particulière sur mon manuscrit, afin qu'il ne s'y trouve rien qui puisse exciter du bruit et être une occasion de dispute dans son diocèse. Mais ceux qui l'ont lu, aussi capables d'en juger que mille autres, n'y ont trouvé rien de pareil, ou l'ont réformé ; et si malgré leurs scrupules, il restait encore quelque sujet de crainte, un censeur royal à votre choix était en état de vous donner là-dessus pleine satisfaction. Je ne dis pas que dans les volumes suivants, il n'eût pu se rencontrer quelques matières délicates et épineuses qui eussent demandé de ma part, aussi bien que de celle de votre Grandeur, un redoublement d'attention ; mais enfin nous n'en étions point encore là, et M. l'abbé de Saint-Gervais a dû le lui dire. De tout cela, Monseigneur, il résulte, à n'en pouvoir douter, que l'on se méfie trop de moi, et cela me suffit. Quelque capable que l'on me crût, d'ailleurs, de réussir, mon honneur m'engage à renoncer au travail, et j'y ai, en effet, absolument renoncé ; je viens de jeter mon manuscrit au feu, afin qu'il n'en soit plus parlé. Il était à moi sans réserve, c'était le fruit de mes peines et de mes veilles, je pouvais en disposer. Votre Grandeur suppose dans la dernière lettre qu'elle m'a fait l'honneur de m'écrire, le 22 de ce mois, que je l'ai fait aux dépens du clergé de son diocèse : je l'ai fait certainement aux dépens de mon temps, de ma santé, et de quelque chose de plus. Le clergé de Rouen a payé seulement la dépense des voyages que j'ai été obligé de faire pour ramasser mes matériaux. Que ces matériaux lui appartiennent, je le veux, aussi n'y prétends-je rien. Demain, sans faute, Monseigneur, ou après-demain, au plus tard, j'en ferai un ou plusieurs paquets, sans en rien retenir, et je les adresserai à Votre Grandeur, en son hôtel, à Paris. Je serai charmé de les voir entre les mains d'un autre, et de pouvoir à mon tour, juger de son travail.

J'ai l honneur d'être avec le plus profond respect,

Monseigneur,

De Votre Grandeur,
le très humble et très obéissant serviteur,

Fr. Toussaints Duplessis, m. b.

Paris, 26 novembre 1737.

DOM LANEAU, GÉNÉRAL DE LA CONGRÉGATION DE SAINT-MAUR, A MONSEIGNEUR DE SAULX-TAVANNES.

Monseigneur,

Je ne sçais comment me présenter devant Votre Grandeur. La cause que je viens plaider est si extraordinaire et si mauvaise en elle-même, et dans toutes ses circonstances, que je n'ai pas, en vérité, ni la force, ni la hardiesse d'en parler. C'est de la conduite de Dom Toussaints Duplessis que je veux parler. Je ne sçay quel nom donner à la folle démarche qu'il vient de faire. Nous l'avons cité dans notre Conseil pour rendre compte de sa conduite, et jamais nous n'avons été plus surpris que de sçavoir de sa bouche qu'il avait jeté au feu tous ses écrits sur la matière de l'Histoire de votre diocèse.

Je n'ai pu, en vérité, Monseigneur, démêler la vérité des motifs qui l'ont porté à un pareil excès de frénésie;

j'entrevois dans ses vues un esprit de vanité et d'amour-propre qui lui ont fait oublier, dans un instant, et le respect qu'il vous devait, Monseigneur, et ce qu'il se devait à lui-même ; il n'a pas même fait attention à ses propres intérêts. En un mot, Monseigneur, je n'ay jamais rien vu de semblable, et j'en suis dans un espéce d'extase et d'étourdissement si grand que je ne sçay qu'en penser ni que dire, sinon que je supplie très humblement Votre Grandeur, comme dans les tribunaux les plus sévères, on ne décerne point de peines pour les fols, vous daigniez, Monseigneur, mépriser, oublier et pardonner la faute infinie qu'a faite Dom Duplessis. Je vous supplie surtout, Monseigneur, mais avec toutes les instances possibles, de ne pas imputer aux supérieurs la faute d'un particulier ; nous l'improuvons et nous la détestons ; et si nous pouvions la réparer, nous le ferions de tout le cœur, avec un zèle infini.

Peut-être la perte n'est-elle pas bien grande et ne mérite-t-elle pas de grands regrets ; mais, après tout, cette action porte avec soi un caractère d'insulte, qui, dans un esprit moins généreux et moins bienfaisant que le vôtre, pourrait avoir des suites fâcheuses. Mais, je vous le répète, Monseigneur, je vous demande pardon pour luy et la continuation de vos bonnes grâces et de votre protection pour notre congrégation, et pour moy en particulier.

Je suis avec la vénération la plus respectueuse,

Monseigneur,

Votre très humble et très obéissant serviteur,

Fr. Réné Laneau, général de la Cong.

Ce 29 novembre 1737.

Notes supplémentaires sur les Bibliothécaires.

Les deux pièces de vers qui suivent sont de M. Marie-André de Chaligny, chanoine de Verdun en 1789. Elles font partie du recueil intitulé : *Selecti Normanniæ Flores*, par le même auteur.

Pierre Pelhestre.

Et Rotomagenses inter celebratur alumnos
    Musarum et Phœbi templa Pelester amans.
Ille etiam castris sanctorum sæpe moratus
    In sævas pestes quam pius arma tulit!
Inde Luteciacis fixus, post prœlia campis,
    Assiduus legit scripta verenda Patrum.
Francisci voluit Musæo vivere solus
    Ne cum stultiloquis perderet ille dies.
Ergo non illi solis radii placuère, sed umbræ
    Noctis et æternæ semper amica quies.
Has inter curas occidit Parca Pelestrum
    Invida, nec clausit lumina amica manus.

Pour entendre ces vers, il faut savoir que Pierre Pelhestre, fils d'un tailleur de Rouen, reçut d'abord les ordres mineurs, et remplit les fonctions de *commis* de la Bibliothèque capitulaire, jusqu'au 20 décembre 1679 (1). Il fut employé ensuite dans les missions du Languedoc pour les nouveaux convertis, et, après avoir quitté l'habit ecclésiastique, il entra, en qualité de sous-bibliothécaire, chez les Cordeliers du grand couvent de Paris. Il y mourut subitement en 1710. C'était un homme d'une lecture prodigieuse et d'une ardeur infatigable à l'étude. Quand il avait un ouvrage en tête, il prenait un pain, quelques

---

(1) Voir mes premières *Recherches*, p. 43.

bouteilles de vin, et une cruche d'eau, étendait une couverture sur un méchant fauteuil de paille, bouchait ses fenêtres pour ne point voir le jour, s'enveloppait de sa couverture, et travaillait ainsi nuit et jour, sans interruption, ne buvant et ne mangeant que lorsque le besoin l'en avertissait, sans sortir de sa place. Le père Le Long, de l'Oratoire, le trouva plusieurs fois en cet état. Pelhestre revit la traduction des *Lettres* de saint Paulin, publiée par le P. Claude Frassen, mais dont le vrai traducteur est Claude de Santeul, de St-Magloire (1). Une lettre de Dom Matthieu Petit-Didier fait foi que M. de Rancé, abbé de La Trappe, essaya, mais en vain, de porter Pelhestre à attaquer le *Traité des études monastiques* de Dom Mabillon. « Un homme, écrit-il à celui-ci, qui a passé ici depuis peu, qui s'appelle M. Pelhestre, et qui dit avoir l'honneur d'être connu de vous, m'a dit qu'il a vu M. de La Trappe, depuis que votre Traité paraît, et que, pendant le séjour qu'il fit dans son abbaye, ce fameux abbé le fit sonder, pour l'engager à rester deux ou trois mois chez lui, pour répondre à votre Traité, quoique M. l'abbé lui eût dit auparavant qu'il ne voulait faire aucune réponse à votre livre. Il m'a même dit qu'il avait remarqué, étant à la bibliothèque de cette abbaye, que la Bible de Castalion, que vous avez mise dans votre catalogue, était aussi dans cette bibliothèque . . . . . de Saint-Mihiel, 26 novembre 1691 (Mabillon, *Œuvres posth.*, t. I, p. 396). » Passionné pour l'étude des Pères qu'il avait approfondis, Pelhestre indique un grand nombre de leurs meilleurs traités qu'il souhaitait de voir devenir classiques, et régner exclusivement dans nos écoles (*De la Lecture des Pères*, 4e partie, p. 578 et suiv.).

---

(1) Voir Moréri, et nos premières *Recherches*, p. 43 et 87.

MONSIEUR L'ABBÉ TERRISSE, DOYEN DU CHAPITRE, SURINTENDANT DE LA BIBLIOTHÈQUE.

Ad cœli proceres abiit Terrisius ille
    Qui fratres inter, sol velut alter erat.
Longa fuit vitæ series sed plena labore,
    Plenaque quàm sanctis fructibus illa fuit !
Conciliis aderat nodos dissolvere doctus
    Omnes, Pontificum dextra secunda manens.
Quàm casti mores olli ! suavesque loquelæ
    Ut regeret monitis, ars erat illa viro.
Hæredes moriens liquit virtutis amicos
    Et fratrum memori pectore vivit adhuc.

PREMIER APPENDICE.

Contrat de la bibliothèque donnée au Chapitre par Monseigneur François de Harlay, archevêque de Rouen, 13 janvier 1634.

(Sur l'original. Archives du département.)

A tous ceulx qui ces présentes lettres verront ou orront, le garde héréditaI du scel des obligations de la vicomté de Rouen, salut. Sçavoir faisons que par devant Robert Lepicart et Abraham Ferment, tabellions royaulx à Rouen, furent présents Monseigneur l'Illustrissime et Révérendissime Françoys de Harlay, archevesque de Rouen, primat de Normandie, conseiller du roy en ses Conseils d'Estat et privé, d'une part; nobles et discrètes personnes MM. Adrien Behotte, grand archediacre en l'esglise cathédrale Nostre-Dame de Rouen; Barthélemy Hallé, archediacre; Bernard Lepigny, archediacre; Nicolas Cavelier, aussy archediacre; Jean Levendenger l'aisné; François d'Eudemare; Louis Sanson; Jean Sequart; Georges Ridel; Anselme Marette; Adrien Bérenger; Nicolas Barbey; Jean Levendenger le jeune; Jean Caresmel; Jean Lemercier; Jean Briffault; Louis de la Place; Jean Le Prevost; Pierre Delamare; Jean Aubourg; Laurent Boette; Pierre Acarie; Noël Guérin; Charles Paviot et Alphonse de Bretteville; tous prestres, chanoines en la dicte esglise Nostre-Dame de Rouen, deument congrégés au Chapitre d'icelle, pour l'affaire cy-après, d'aultre part; lequel seigneur archevesque, voullant laisser aux siècles advenir quelque marque signalée de son affection singulière au service de Dieu et deffence de la vérité de la doctrine chrestienne, qu'il a apprise par une congnoissance profonde des sciences, par la lecture des bons livres qu'il a curieusement recherchés, et par la conférence des hommes doctes qu'il a tousiours favorisés; et voulant encore le dict seigneur faire paroistre ses bonnes affections entièrement dévouées à l'honneur et au bien de son esglise; à quoy sa grande dignité et son rang si honorable dans l'estat ecclésiastique l'obligent, et les honneurs et respects qui lui sont chaque jour rendus par les vénérables doyen, chanoines et Chapitre de la dite esglise, en laquelle il tient la place des éminentissimes cardinaulx d'Amboise, ses grands oncles, de très heureuse mémoire, lesquels ont faict plusieurs belles fondations tant pour la décoration d'icelle que pour la célébration de l'office divin.

A ces causes, comme le dict seigneur n'a rien, après l'honneur de Dieu, plus en recommandation que l'amour des bonnes lettres, ny plus grande affection que de passer le reste de ses années avec les dicts sieurs chanoines, continuant sa résidence en son provincial siége archiépiscopal; aussy a-t-il eu tousiours une inclination très particulière au rétablissement de la bibliothèque du Chapitre, laquelle, pendant les troubles et désordres de ce royaulme, et par la prise de la ville, n'avoit esté non plus espargnée que le reste des choses les plus sainctes; jugeant le dict seigneur que le parfaict et entier restablissement d'icelle sera ung œuvre qui tournera à l'honneur de Dieu, à l'édification et instruction de beaucoup de personnes, au contentement et à l'advantage du publicq, à l'ornement d'une grande esglise métropolitaine et primatiale, et à la commodité particulière des dits sieurs doyen, chanoines et Chapitre, et que cela remettra en sa splendeur l'escolle ou bibliothèque chrestienne, comme l'on apprend des anciens Pères de l'Esglise en avoir esté usé aux premiers siècles, dont il se remarque encore tant d'exemples en plusieurs belles bibliothèques qui sont aujourd'hui en lustre, ès principales esglises de la chrétienté, dont la réputation s'accroît principalement par ceste considération qu'il est très honorable et bienséant à des personnes qui tiennent les premiers rangs dans l'Esglise d'aymer les lettres, désirer la conférence des gens doctes, et vaquer souvent à la lecture des bons livres, qui porte les esprits à la méditation et entretien des choses sainctes, a donné aux dits sieurs doyen, chanoines et Chapitre du dict Rouen, sa bibliothèque entière, telle que, par la grâce de Dieu, le dict seigneur archevesque a faicte avec curiosité et grande despense, à cause du grand nombre de volumes de prix, de bons et rares livres dont elle est composée, à laquelle fin le dict seigneur archevesque veult et entend que par quatre des dits sieurs chanoines, commissaires députés du dict Chapitre, qui se transporteront à cet effect en son chasteau de Gaillon, il soit dressé ung catalogue ou inventaire de tous les livres de la dite bibliothèque, qui seront apportés en la dicte ville de Rouen, mys et placés en la présence du bibliothecquaire cy après nommé, et desdits quatre chanoines, en la place et bastiment de tout temps destiné à la bibliothèque de l'esglise, et iceulx rangés par ordre des sciences, avec escriteaux, dans des armoires de bois de chesne, closes et fermées de chassis à claires-voye, et couverts de fil d'archal, le tout aux despens de la fabrique de la dicte esglise; qu'il sera faict deux inventaires en parchemin des dits livres l'ung auquel ils seront escripts par ordre des sciences l'autre par ordre de l'alphabet du nom des auteurs, et qu'en tous ses dits livres sera mys, au commencement et à la fin, une taille doulce des armes du dict seigneur, dont pour cet effect sera par luy donnée la planche gravée en cuyvre; que sur la première porte de la dite bibliothèque sera mise cette ancienne inscription en lettres d'or :

SI QUEM SANCTA TENET MEDITANDI IN LEGE VOLUNTAS,
HIC POTERIT RESIDENS SACRIS INTENDERE LIBRIS.

Qu'il ne sera loisible à aucun chanoine ou autre personne de quelque condiction qu'il soit, de transporter aucun livre hors de la dicte bibliothèque, fors et seulement au dict seigneur donateur qui les prendra par les mains du bibliothecquaire, et dont le dict bibliothecquaire sera responsable; et de cet article, il ne sera loisible au Chapitre de dispenser. Que l'entrée de ladicte bibliothèque sera libre et ouverte aux dits sieurs chanoines, tant pour y estudier que conférer depuis le soleil levé, jusques au soleil couché, aux heures que l'esglise est ouverte; et pourront aussi entrer toutes personnes de condiction et qualité, et les estrangers qui la vouldront visiter, aux dites heures, et quant aux personnes doctes qui vouldront estudier, il leur sera permys d'y demeurer, en hiver, depuis une heure de relevée jusques à trois heures, et en esté, depuis trois heures après midi jusques à cinq heures du soir ; et d'aultant que pour la conservation de la dicte bibliothecque, il est nécessaire qu'il y ait ung bibliothecquaire qui en ait le soing et qui en soit responsable, et que pour l'augmentation d'icelle, il y ait ung fonds destiné pour achapter tous les ans quelque nombre de livres, le dict seigneur ne voulant pas que le dict Chapitre soit chargé de donner aulcune rescompense ou gaige au dict bibliothecquaire, ni même qu'il reçoive aulcune diminution de son revenu pour la dicte augmentation ; et considérant que Dieu a bèni les soins qu'il a pris pour son esglise, non seulement pour la direction du spirituel, mais aussi pour l'augmentation du temporel de son dict archevesché, duquel le revenu est accreu par ses diligences de plus des deux tiers, et qu'il est raisonnable que pour un si grand bien public, il en fasse quelque part à son dict Chapitre, entre les mains duquel il consigne sa dicte bibliothecque comme ung sacré dépost ; pour ceste considération et à l'imitation de ses prédécesseurs et grands oncles, lesquels, par l'augmentation de leur revenu, ont accreu celui de la dicte esglise, le dict seigneur, voulant accompagner sa dicte donation de munificence, qui d'un commun consentement et applaudissement publiq a esté jugée sy bonne, sy utile, et sy nécessaire.

Et pour l'entretien et augmentation de la dicte bibliothecque, a donné et donne à perpétuité, par ces présentes, six cents livres tournois de rente à recueillir spécialement sur le revenu de la baronnie de Fresne qui porte le nom d'Archevesque, et le revenu de Fresne manquant, généralement sur tout le revenu du dict Archevesché ; à commencer à jouir de la dicte rente de six cents livres, du premier jour de janvier de l'année présente, et sera icelle reçue par chascun an des mains des fermiers ou receveurs du dict Fresne-l'Archevesque, par le grand receveur du dict Chapitre, aux termes ordinaires de leur bail ; de laquelle somme de six cents livres il y en aura trois cents affectés à celuy qui sera, par le dict seigneur et par ses successeurs, pourveu du dict office de bibliothecquaire, en la manière cy après déclarée, la charge duquel sera de faire tous inventaires nécessaires, et iceulx augmenter, à mesure que la dicte bibliothecque augmentera en livres, tenir icelle nette et en ordre, la fournir d'encre, de papier, de plume et de trenche-plume, à ses frais et despens, le tout selon l'ordre qui lui en sera prescript par le Chapitre, et la tenir ouverte par soy ou ses commis qu'il fera agréer au dict Chapitre, aux temps, heures et personnes cy-dessus nommées ; et sera yceluy responsable de tous et chacun les livres et meubles de la dicte bibliothecque, qui luy auront esté baillés par inventaire, et personne ne pourra estre pourveu du dict office, qu'il ne soit chanoine prébendé en la dicte esglise, qui sera tenu de faire actuelle et personnelle résidence en ycelle, à faucte de quoy, après troys mois de non résidence, et sans autre forme de proceds, que la notoriété du faict pourra estre destitué par le dict Chapitre, et son dict office déclaré vaccant. Et a pleine et entière institution du dict office appartiendra pour la première fois au dict seigneur, lequel, dès à présent, a nommé et institué, nomme et institue, par ces présentes, au dict office de bibliothecquaire, noble et discrète personne Maistre Pierre Accarye, chanoine, pénitencier et théologal en la dicte esglise, son official et vicaire général, et ce pour les bonnes et louables conditions qu'il recongnoist en luy pour la congnoissance de la discipline de l'Esglise grecque d'où, par saint Nicaise est venue la nostre, pour les services que le dict sieur Accarye luy a rendus, et pour ce qu'il a esté le premier, qui à la persuasion et instigation du dict seigneur son bienfaicteur, a commencé la restauration et restablissement de la bibliothecque du dict Chapitre, par la donation qu'il a faicte, depuis ung an, au dict Chapitre de tout ce qu'il avait de livres, sans qu'il soit besoin au dict sieur Accarye, d'aultres provisions que le présent contrat, et vacation arrivant cy-après du dict office, par la mort, démission, ou aultrement, du dict sieur Accarye, ou de ses successeurs au dict office, le dict Chapitre présentera au dict seigneur Archevesque ou à ses successeurs trois des dicts sieurs chanoines, desquels trois, le dict seigneur et ses successeurs seront tenus à instituer et pourvoir au dict office celuy qui leur sera le plus agréable, et sera le dict bibliothecquaire ainsy institué, tenu faire serment en Chapitre, et demeurera subject à la jurisdiction du dict Chapitre, mesme en ce qui concerne sondict office. Et pour les autres trois cents livres restant de la dicte somme de six cents livres, le dict seigneur veult et entend qu'ils soient employés, tous les ans, sans aucune réservation de la dicte somme, à l'achapt de quelques livres, au gré du dict Chapitre, par quatre commissaires à ce députés, conjointement avec le bibliothecquaire, lesquels livres seront représentés sur le bureau du dict Chapitre, auparavant que les placer dans la dicte bibliothecque, et que le dict fonds ne puisse estre détourné ny employé à aultre usage à peine d'en respondre par les dicts sieurs doien chanoines et Chapitre, en leur propre nom, et en tant qu'il serait besoing pour l'asseurance et validité du dict don de six cents livres de rente, sur le revenu du dict Archevesché, d'obtenir lettres patentes du Roy, et confirmation de nostre Saint-Père. Le dict seigneur consent et accorde qu'à ses propres couts et despens, et à la diligence des dicts sieurs chanoines, il en soit requis et obtenu toutes expéditions nécessaires.

Et par les dits sieurs chanoines et Chapitre, a esté acceptée la présente donation de la dicte bibliothecque du dict seigneur, et la donation des dictes six cents livres tournois de rente à perpétuité, à prendre sur le revenu du dict Fresne l'archevesque, et généralement de tout l'archevesché, comme dict est, et aux charges et conditions susdites, et ont les dicts sieurs du Chapitre rendu au dict seigneur, très humbles grâces et remerciments de ceste si grande et libérale action, avec promesse et protestation d'en avoir ung souvenir et ressentiment, tel que mérite ung si sainct et si riche présent, duquel ils ont promys, en général et en particulier, avoir ung très grand soing, tant pour l'honneur et la personne très illustre dudict seigneur, qui leur a tesmoigné de l'abondance de son cœur sa bienveillance, que pour la grandeur du don et la qualité de la chose qu'il aimait le plus; ce qui les oblige à faire prières continuelles, pour l'augmentation des faveurs et bénédictions qu'il a reçues du ciel; ce que les dicts sieurs ont respectifvement promis, tant pour eulx que pour leurs successeurs, de garder et faire garder inviolablement, sans aucune façon y contrevenir.

En tesmoing de ce, nous, à la relation des dicts tabellions, avons mis à ces lettres ledict scel.

Ce fut faict et passé au Chapitre de la dicte esglise de Rouen, l'an de grâce mil six cents trente-quatre, le vendredy, avant midy, traizieme jour de janvier. Présents, discrète personne, maitre Claude Patrix, prestre chapelain en la dicte esglise, et tabellion du dict Chapitre, et maistre Louis Chesnu, huissier messager du dict Chapitre, lesquels ont, avec ledict seigneur archevesque et les dicts sieurs du Chapitre, signé à la notte des présentes, suivant l'ordonnance.

LEPICART. FERMENT.

DEUXIÈME APPENDICE.

Lettre du Chapitre de Rouen au souverain Pontife Innocent X, pour solliciter la ratification du contrat de la Bibliothèque.

(Archives du département.)

Sanctissimo in Christo Patri et Domino nostro, D. Innocentio X°, Pontifici Maximo, Decanus et Canonici Ecclesiæ Rotomagensis obedientiam et reverentiam.

Sanctissime Pater,

Cum Ecclesiæ Rotomagensis Bibliothecam, quæ ante aliquot annos, unà cum sacra supellectile ab hæreticis direpta est, nobis sit in animo instaurare, quod bono reipublicæ christianæ fiat, pedibus Sanctitatis tuæ advoluti, datis, de more, osculis, obsecramus, ut nostris votis, piisque studiis annuere, et cœptis favere non recuses. Quod quidem ut speremus, et nobis quodammodo polliceamur, facit cum tua in omnes nota benignitas, tum singularis tuus amor in rem christianam, et rem litterariam, cujus utriusque tu optimus es parens, et, ut diù sis, optamus. Accedit summorum pontificum qui, multis retro sæculis vixerunt, in nostrum collegium, eximia et constans voluntas, qui, ut alia prætereamus animi testimonia quæ longum esset recensere, nos in suam clientelam, præ cæteris receperunt, et non aliunde pendere, sed sibi addici et adhærere, se solos suspicere, Romanamque sedem voluerunt, privilegioque sanxerunt; ita ut, cùm pleraque omnia, quæ toto orbe sparsa sunt canonicorum collegia, communi nexu tua sint, nostrum hoc Rotomagense, suo se tibi jure vendicare, atque ideò omnia commoda majori cum fiducia, a te exspectare, et sibi promittere merito debeat; quanquam id quod nunc molimur, et a tua Sanctitate precibus flagitamus, non magis nostrum est quam totius Ecclesiæ commodum, quæ certe, ex hac instructa Bibliotheca non minimum subsidium sit consecutura. Hæc enim nunc denum renascens, et quasi post liminio rediens, frequenti hominum concursu invisitur, non modo nostrorum, sed etiam alienorum, qui non inconsulti abeunt, interea dum et loci opportunitatem, et librorum copiam, ut in novo apparatu non pœnitendam, mirantur (sic). Quippe jam ingenti librorum numero, quorumdam e nostris liberalitate aucta est, sed imprimis Illustrissimi Archiepiscopi Rotomagensis D. Francisci Harlæi munificentia, qui in eam quam plurima non minimi pretii volumina congessit, ut qui hinc ad sacros Heliconis tui Vaticani fontes accedere non possunt, in his saltem rivulis, sitim explere valeant. Sed cùm parum sit magnæ molis fundamenta jecisse nisi ad summum opus perduxeris, serioque provideris, ut ædificium quod paras sartum tectum perennare queat, idem Illustrissimus Archiepiscopus, sexcentos nummos argenteos francos (libras appellant) annui reditus, ei rei constituit quos de suo censu lubens detraxit, ut, singulis annis, nova librorum supplementa comparentur, et præfecto Bibliothecæ qui ejus curam gerat, ut olim in celeberrima Alexandrina, Demetrio-Phalereo, sua stipendia solvantur. Id quidem erit illi nostræ magnum subsidium, et ad eam conservandam omnino necessarium, minimum vero censûs archiepiscopalis detrimentum in tanto scilicet annuo proventu, qui nummorum argenteorum quinquaginta millia superat, ita ut, illa summula Archiepiscopus Rotomagensis facile carere possit. Quam sane bene collocatam posteri non ægre ferent, quin, et consilium probabunt, et tantum Ecclesiæ suæ ornamentum ac præsidium in lucro reputabunt, tantillo pretio redemptum. Oramus igitur suppliciter, et te obsecramus, Sanctissime Pater, ut id gratum habeas, ratum facias, et tua summa auctoritate, præsentique ac propitio numine firmes. Sic te Deus Optimus Maximus, nobis, Ecclesiæ catholicæ populoque christiano salvum et incolumem servet. Rotomagi, 8 idus junii, MDCXLVIII.

NOTA. Vers 1636, les chanoines avaient adressé à Urbain VIII une première lettre pour obtenir la confirmation du contrat de la Bibliothèque. Dom Guillaume Hélie, abbé de Vallemont, leur écrivait de Rome le 13 mars 1638, que leur lettre avait été lue attentivement et reçue favorablement du saint-Père, et qu'il en espérait bonne issue, parce que le pape *avait tesmoigné quelque contentement en la lecture d'icelle.* Cependant M. de Lavergne, chanoine, député à Rome pour presser cette affaire, échoua dans sa mission, et rapporta au Chapitre, le 24 novembre 1642, que les correspondants du banquier de Paris étaient mal disposés pour obtenir la confirmation du contrat, et qu'ils se plaignaient fort de la compagnie, *pour avoir grandement travaillé pour elle, sans avoir reçu aulcune récompense.* De là, sans doute, la seconde lettre adressée à Innocent X, que nous publions ici, et dont Jean Leprevost est l'auteur. Mais elle n'eut pas plus de succès. Le 4 juin 1649, M. Brasdefer, bibliothécaire, était prié par ses confrères de faire expédier, *à quelque prix que ce soit*, les lettres de Rome concernant la Bibliothèque. Même prière à l'archidiacre Lepigny partant pour Rome, le 15 mai 1656 ; mais, au 28 janvier 1661, le Chapitre n'avait rien obtenu, et se voyait réduit à renouveler encore des tentatives qui échouaient constamment depuis vingt-cinq ans, et qui, nous le croyons, ne lui réussirent jamais.

En 1629, François de Harlai, dans une Histoire ecclésiastique qu'il rétracta promptement et solennellement, avait paru incliner vers le richérisme En 1648, la question du jansénisme avait été agitée dans la chaire de Notre-Dame de Rouen. En 1661, Louis XIV signifia, par lettres de cachet, aux chanoines de ne pas se mêler du jansénisme, *comme ils faisaient, à la suscitation de quelques brouillons*. La même année, il se tenait dans leur Bibliothèque des assemblées de gens suspects d'hérésie. Des jansénistes y avaient confronté avec soin tous les passages des auteurs cités dans les Provinciales de Pascal : telles sont peut-être les causes du silence obstiné par lequel Rome répondit à toutes les demandes du Chapitre de Rouen.

TROISIÈME APPENDICE.

Liste des Manuscrits provenant des bibliothèques du Chapitre et de l'Archevêché de Rouen, qui se retrouvent aujourd'hui dans la Bibliothèque publique de cette ville et dans quelques autres (1).

MANUSCRITS ORIENTAUX.

1. — Pentateuchus samaritanus arabice transcriptus. In-fol. 1er du legs fait par Richard Simon à la Cathédrale,

---

(1) Nous remercions ici M. André Pottier, conservateur de la Bibliothèque de la ville de Rouen, de nous avoir permis de transcrire mot à mot le catalogue. Les nombreuses et savantes remarques dont il l'a enrichi feront le principal intérêt de notre opuscule.

Voir le tome XLIX de l'Académie des inscriptions et belles-lettres.

2. — Alcoran. Arabe, in-4°. 8e du legs de R. Simon, et avec sa signature.

3. — Alcoran. In-4°. Omis par l'abbé Saas dans sa Notice des Mss. de l'église de Rouen.

4 bis. — Commentarii in Jeremiam prophetam. 3e du legs de R. Simon.

5 bis. — Missel nestorien (le seul qui existe en France). Partie en caractère syriaque, partie en caractère estrangel. In-4°. 6e du legs de R. Simon.

6. — Ms. incomplet, contenant les chapitres 15 à 30 du second livre d'un Traité d'astrologie, in-4°. 7e du legs de R. Simon.

6 bis. — Sephen Maaze. Livre de grammaire hébraïque. 4e du legs de R. Simon.

7. — Grammaire et dictionnaire de la langue persane, avec l'explication en turc. In-4°, non mentionné par l'abbé Saas.

8 bis. — Lexicon hebraïcum. R. Jonæ Ben. Gavæ. Caractères hébraïques sans points; 5e du legs de R. Simon. In-4°.

10. — Histoire abrégée de l'Empire ottoman ou turc. In-4° non mentionné par Saas.

11. — Livre arabe, portant le nom de R. Simon. In-4° non mentionné par Saas.

12. — Excerpta e Commentariis R. David Kimhi in psalmos, item in Job, Proverbia, Ecclesiasten, Cantica Canticorum, Ruth, Esther, ac Lamentationes Jeremiæ. Ms. hébreu. In-4° du legs de R. Simon.

13. — Fragments en caractères rabbiniques. In-4° (probablement du Chapitre).

17 — S. Joann. Chrysostomi Commentarius in Evangelium D. Matthæi, græce. (44 premières homélies de ce Père sur saint Matthieu.) In-fol. 42e de Saas. XVe siècle selon M. Miller. Une main envieuse a enlevé, au moyen d'un acide, une note de propriété qui existait au commencement et à la fin du volume. Heureusement elle a laissé celle ci au milieu : Ex libris Johannis Pini Tholosani Rivensis Epi. (Ecriture du XVIe siècle.) M. Miller, employé aux Mss. de la Bibliothèque Impériale, a fait remarquer qu'elle possède des Mss. du même calligraphe grec.

183. — Chrysostomus in Evangelium Matthæi. In-fol., beau Ms. grec.

THÉOLOGIE.

6. — Psalmi, Prophetæ et Novum Testamentum. Grand in-fol. 1er Saas. XIIIe siècle.

7. — Biblia. 1er volume du précédent. 1er Saas. XIIIe siècle.

8. — Biblia. 3e volume du précédent. 1er Saas. XIIIe siècle.

16. — Biblia. In-12, 2 colonnes. XIIIe siècle. 2e Saas.

24. — Partie de la Bible en français. Miniatures assez nombreuses sur fond d'or et mosaïqué. Ces miniatures sont de deux mains et de deux époques. XIIIe—XIVe siècle. De la même main qu'un volume de l'Infortiat en français, E $\frac{87}{47}$.

37 — Petri Comestoris historia scholastica. In-fol. de la bibliothèque de l'archevêché de Rouen, anciennement de Monseigneur Lenormant, évêque d'Evreux. Commen-

cement du XIVe siècle. (Voir nos premières *Recherches*, pages 36 et 48.)

65. — Allegoriæ veteris et novi Testamenti, quinque librorum Moysis, et alia. In-fol. XIIIe siècle. De l'archevêché; de Monseigneur Lenormant; plus anciennement, de l'abbaye de la Noue, près Conches, diocèse d'Evreux, XIIIe siècle; même ouvrage que le n° A 55 – 305. L'auteur est Pierre Comestor.

161. — Glossa ordinaria in Ezechielem et Danielem. In-fol. 5 Saas. XIIIe siècle.

228. — Glossa in Pauli Epistolas 6 Saas. In-4°. XII — XIIIe siècle.

235. — Glossa in Actus Apostolorum. In-8°. (Archevêché; auparavant, Monseigneur Lenormant.) XIIIe siècle.

238. — Abbas Joachim in Apocalypsin Johannis. In 4°. 7 Saas. Cursive. XVe siècle.

257. — Missale (Lectionarium). In-fol. Majuscules historiées. 21 Saas. XIIIe siècle.

260. — Missale ad usum Ecclesiæ Parisiensis. In-fol. 16 Saas. XVe siècle. Deux miniatures, qui sont deux gravures sur bois, coloriées. Très beau Ms., parfaite conservation; vélin superbe, transcription très soignée, mais dont la deuxième partie, à partir du feuillet VII,xx XVII, est infiniment supérieure à la première.

263. — Missel avec bordures et deux grandes peintures d'une belle exécution. In-fol. Beau Ms. 17 Saas. XIVe siècle.

266. — Missale vetus cum cantu. In-4°. Deux ou trois miniatures. 15 Saas. XIVe siècle. Au milieu, une donation datée de 1326. (Voir *Saas*, n° 15.) Ce Missel avait été

donné à une confrérie de la Charité du Saint-Esprit, par trois femmes qui se sont fait représenter en tête de la mention de la donation. Il est évident, par la différence des transcriptions que chacune des trois donatrices avait fourni sa part à la composition de ce Missel.

268. — Beau Missel, avec deux très belles peintures et de jolies bordures, à l'usage du diocèse de Rouen. In fol. 13 Saas. XIVe - XVe siècle. (Missel de Richard Perchart. — Voir nos premières *Recherches*, page 24.)

269. — Missale dicatum pro missis matutinalibus, ad altare B. Mariæ, et parvorum obituum celebrandis. XVe siècle. In-fol. Deux peintures. Non catalogué par Saas.

270. — Missale. In-8e. Donné par R. Simon X^e—XIe siècle.

271. — Graduale. Préfaces et Canons, avec bordures et initiales. Format atlantique. XVe siècle. On lit à la fin : Ex dono spectabilis viri magistri Johannis de Gouvis canonici hujus Ecclesiæ Rothom. pro usu ipsius liberaliter et in capitulo ejusdem facto, die Jovis, 27^a Augusti, anno Domini millesimo C C.C C.^{mo} octuagesimo nono.

279. — Evangelia pro festis totius anni. (Lectionarium.) In-fol. XIIIe siècle. 20 du catalogue de Saas, ainsi qu'il était constaté par le chiffre et l'indication au dos qui ont disparu avec la reliure.

285. — Breviarium ad usum Ecclesiæ Rotomagensis. In-12. XIVe siècle. 31 Saas.

290. — Manuale secundum usum Ecclesiæ Ebroisencis. Avec quelques bordures. In-12. De l'Archevêché. Auparavant de Monseigneur Lenormant. On lit à la fin : Ce livre est de la paroisse Saint-Médard de Semerville, en l'èvesché d'Evreux, au doyenné de Neufbourg.

299 Psalterium et Breviarium. In-8°. 3 Saas. Avec
385 miniatures. Fin du XIIIe siècle.

331 Breve ordinarium conventûs fratrum prædicatorum
411 S. Ludovici Ebroïc. XIVe siècle. Archevêché.
Monseigneur Lenormant.

332 Livre d'office en latin. Avec un zodiaque et majus-
216 cules dorées, ornées de rinceaux. Collectarium
curiosè compositum ad usum chori Ecclesiæ
Rotom. In-fol. 23 Saas. XVe siècle.

336 Liber Cantûs. In-fol. XVe siècle. Du Chapitre.
414 Marqué K. 178, ce qui indique que ce volume
n'était pas dans la collection des manuscrits de
la Cathédrale.

354 Liber Cantûs. Breviarii Ebroïc. Pars hyemalis.
428 Archevêché. Monseigneur Lenormant. In-12.
2 col. Fatigué. XIIIe siècle.

355 Rituale. In-4°. XIVe-XVe siècle. Anciennement
220 couvert d'une garniture précieuse.

360 Officium ad visitandum infirmum. In-4°. 35 Saas.
433 XIIIe siècle.

361 Pontificalis Liber. In-fol. Remarquable par sa cal-
220 bis. ligraphie et quelques bordures. Fin du XVe siècle. Provenant de la bibliothèque de la Cathédrale, sans numéro. Ce manuscrit est une copie
du *Pontificalis Liber*. Editio princeps. Romæ.
Steph. Plannek. 1485. In-fol.

364 Bénédictionnaire (Pontifical). In-4°. 8 Saas. XIVe-
436 XVe siècle. Ce volume renferme quelques notules
de la main du célèbre P. Morin, de l'Oratoire.

367 Præparationes Episcopi ad Missam cum Benedictio-
223 nibus veteribus. In-fol. XIVᵉ siècle. 12 Saas. Magnifique calligraphie.

372 Pontificale Rhemense. In-fol. vélin. XIIIᵉ siècle.
224 Miniatures nombreuses, lettres d'or, alphabets, etc. 9 Saas. Sa couverture est formée d'un lambeau de tapisserie orientale, qui doit remonter à l'époque des Croisades.

373 Pontificale. In-8ᵒ. Très beau manuscrit. Carac-
442 tères romains. XVIᵉ siècle.

375 Traité des Conciles généraux, nationaux et pro-
225 vinciaux, par M. Faure. 2 vol. in-fol. Archevêché. Monseigneur Lenormant.

378 Traité de la réception et de l'autorité du Concile de
445 Trente en France, avec quelques pièces imprimées. In-4ᵒ papier. XVIIIᵉ siècle. Non catalogué par Saas.

396 S. Hieronymi Epistolæ et Opuscula quædam. In-8ᵒ.
455 XIIᵉ siècle. 44 Saas.

435 Pastorale S. Gregorii. In-fol. XIIᵉ siècle. 45 Saas.
245

443 S. Anselmi Meditationes et alia Opuscula. In-12.
485 XVᵉ siècle. Archevêché. Monseigneur Lenormant.

478 Conférences ecclésiastiques du diocèse de Beauvais.
502 In-4ᵒ. XVIIᵉ siècle. Non classé par Saas. Au commencement, une pièce imprimée contenant le sujet de ces conférences.

488 Summa Magistri Johannis de Abbatis-Villa. In-fol.
268 2 col. XIIᵉ siècle. Archevêché. Monseigneur Lenormant. Notre-Dame de la Noue.

500 Manuale Curatorum. In-fol. XVe siècle. 46 Saas.
514 Quelques notules du P. Morin, de l'Oratoire, au premier feuillet, et à la fin de la table.

545 Sermones varii. In-4° XIIIe siècle. Archevêché.
548 Monseigneur Lenormant.

556 Lectionarium Rothomagense. In-4° Fin XIIIe siècle.
559 19 Saas.

560 Collectarium. In-4°. XIIIe siècle. Très fatigué par
560 un long usage. Archevêché. Monseigneur Lenormant.

569 Speculum Reginæ cœlorum — Commentaire sur
568 le Cantique des Cantiques. De Sacramentis Ecclesiasticis et alia, inter quæ S. Hildeberti, de Mysterio Missæ, et alia poemata tum Hildeberti, tum aliorum. In-8°. XIIIe siècle. Archevêché. Monseigneur Lenormant. Abbaye de la Noue.

593 Liber de Æternitate mundi, Leonardi Nogarole.
287 In-fol. 2 col. 49 Saas. Ce livre, orné d'un charmant frontispice enrichi d'arabesques, paraît avoir appartenu à un des cardinaux d'Amboise. Ecriture italienne du XVe siècle, simulant celle du XIIIe. Léonard Nogarola florissait en 1470.

DROIT CANONIQUE.

14 Canons apostoliques, avec remarques. In-4°.
60 XVIIe siècle. Non classé par Saas.

56 Traité de la Discipline de l'Eglise de France, et de
35 ses usages particuliers, par M. Lemerre. In-fol. XVIIIe siècle. Archevêché. Monseigneur Lenormant.

58/37 Traité de l'autorité du Roi dans la juridiction criminelle sur les Ecclésiastiques. Paraît être de Dupuy. On y trouve quelques autres écrits détachés. In-fol. XVIIIe siècle. Non classé par Saas. A la suite : très humbles et très respectueuses remontrances (sur le 30e) que présentent au Roi (Louis XV) les gens tenant la Cour de Parlement de Rouen.

58 (a)/37 (a) Traité de ce qui s'est pratiqué dans tous les temps, au sujet de la jurisdiction criminelle, sur les Ecclésiastiques, par M. Dupuy. 2 vol. in-fol. XVIIIe siècle. Archevêché. Monseigneur Lenormant.

80/42 Constitutions de l'Hôtel-Dieu de Rheims. In-fol. XVIIIe siècle. Non classé par Saas.

87/47 2e volume de l'Infortiat. In-fol. XIVe siècle. 52 Saas. Beau manuscrit.

99/99 Critique d'Ami, sur la dissolubilité du mariage et la liberté d'épouser une seconde femme du vivant de la première. In-4°. XVIIIe siècle. Archevêché. Monseigneur Lenormant.

Sciences et Arts.

7/29 Jacobi Valentini philosophi, annotationes in Aristotelis Ethicam, logicam, et alia. In-4°. XVIe siècle. Non classé par Saas.

14/7 Mandevie, ou Chant de la bonne vie, par Jean Dupin, mort en 1372. Dans le même volume : Caton en vers français. In-fol. XVe siècle. (1406). 50 Saas.

17/10 Sophilogium Jacobi Magni, ordinis S. Augustini. In-fol. 2 col. XVe siècle. 48 Saas.

26/14 De l'Institution d'un Prince, par G. Budé. In-4°. XVIe siècle. Bel écusson armorié. 51 Saas. Imprimé plusieurs fois dans le XVIe siècle.

45/53 Traité sur la Préparation des instruments d'optique. In-4°. 1618. Non classé par Saas.

30/11 Les Fables d'Ovide le Grand, avec moralités de Thomas Walleys, translatées de latin en roman. In-fol. maximo 2 col. 66 Saas. Première moitié du XIVe siècle. Très grand nombre de miniatures, dont les figures se détachent sur des fonds de mosaïques.

40/17 Lancelot du Lac. In-fol. XIVe siècle. 65 Saas.

41/18 Lancelot du Lac. In-fol. 2 col. XVe siècle. 64 Saas. Belle conservation.

42/48 Romans de Godefroy de Bouillon, et de Pepin et de Berthe. In 8°. XIVe siècle. 63 Saas.

45/19 Roman de la Rose. In-fol. XVe siècle. Non mentionné par Saas.

60/26 M. T. Ciceronis Epistolarum familiarium Libri sexdecim. In-fol. XVe siècle (1442). Vélin d'une blancheur et d'une finesse admirables. Belle calligraphie italienne en lettres rondes. 53 Saas.

1/1 Blondi Flavii Descriptio Italiæ. In-4°. XVIe siècle 54 Saas. Beau manuscrit.

9/104 Chronologie des Papes, Empereurs, Rois de France, avec miniatures, portraits, armoiries et arbres généalogiques. In-4°. 57 Saas. Joli manuscrit du règne de François Ier. XVIe siècle.

HISTOIRE.

102 Réflexions sur la France, par le comte de Boulain-
73 villiers. Ensemble, les Assemblées des Parlements et des États généraux. In-4°. XVIIIe siècle. Archevêché. Monseigneur Lenormant.

103 Mémoires abrégés sur l'Histoire de France, par le
74 même. In-4°. T. II. XVIIIe siècle. Même provenance.

104 T. Ier du précédent. Même provenance.
75

105 Préface, ou Lettres critiques de M. de Boulain-
76 villiers, touchant l'Histoire de France. In-4°. XVIIIe siècle. Même provenance.

106 Recueil de Mémoires présentés par M. de Bou-
77 lainvilliers, pendant la régence du duc d'Orléans. 1er et 2e vol. In 4°. XVIIIe siècle. Imprimé en 1727. Même provenance.

112 bis. Etablissement du Parlement de Paris. In-fol.
82 XVIIe siècle. Même provenance.

126 Catalogue d'une bibliothèque, portant pour titre :
136 Index librorum. In-8°. XVIIIe siècle. C'est un traité de l'arrangement des Bibliothèques, et la deuxième partie du catalogue de la bibliothèque du Chapitre. On trouve à la fin le catalogue des manuscrits, tel qu'il est dans la notice de Saas, ou à peu près. Au reste, ce catalogue est en grande partie de la main de ce bibliothécaire.

127/94 2 volume d'un Dictionnaire d'auteurs, avec l'indication de leurs ouvrages. In-fol. XVIIIe siècle.

128 (a)/137 (a) Mélanges bibliographiques, par M. l'abbé Cotton-Deshoussaies, chanoine de Rouen. 1755. In-8°. De la main de M. Cotton, et provenant de l'Académie de Rouen.

128 (b)/137 (b) Notes sur les graveurs et leurs ouvrages, par M. l'abbé Cotton-Deshoussaies. Autographe. 1758. In-12. Provenant de l'Académie.

133/98 Livre historial des faicts de messire Bertrand Duguesclin. In-fol. Belle miniature représentant Charles V qui crée Duguesclin connétable. Très beau manuscrit. C'est la traduction du poème du trouvère Cuvelier, publiée par M. Charrière, dans la collection des documents inédits. 62 Saas. Du don de J. Desjardins, chanoine, en 1640.

134/99 Gestes de Jules César, en français. Gr. in-4°. XVe—XVIe siècle. 55 Saas.

135/100 Les Faicts de Jules Cesar, en vers français. In-fol. Avec miniatures. Très beau manuscrit. 56 Saas. XIIIe siècle.

MANUSCRITS RELATIFS A LA NORMANDIE.

21/89 Le Livre d'Ivoire. Recueil de pièces du XIe au XIIIe siècle. Reliure beaucoup plus ancienne, avec figures en ivoire.

—Epistola Richardi Regis Angliæ ad Walterum qua gratias refert quod interdictum terræ Regi Francorum tam cito et tam amicaliter relaxavit.

— Decisio quæstionis de præstationibus capitulo Ecclesiæ Rothom debitis, ab hoc Capitulo edita ann 1208.

— Concilium per Walterum Rothom. Archiepiscopum, anno 1189, habitum.

— Epistola Urbani ad Hugonem Rothom. Archiepiscopum.

— Catalogus Episcoporum Rothom. usque ad Maurilium. *Voyez* le Chronicon Archiepiscoporum Rothom., apud Analecta Mabillonii; *et* Chéruel, Chronica Normanniæ.

— Historia Ecclesiæ Rothom., versibus scripta.

— Vita sancti Gildardi, Archiep Rothom.

— Hymnus de sancto Romano.

— Vita sancti Audoeni. — Vita sancti Ansberti.

— Gesta Hugonis Archiep. Rothom.

— Catalogus librorum in Ecclesia Rothom. tempore Gaufridi.

— Serments prêtés par les évêques suffragants, depuis 1253 jusqu'à la Révolution.

28 Diarium fundationum Ecclesiæ Rothomagensis,
97 Anno 1598.

30 Breviarium Rothomag. In-fol. XIVe siècle 27 Saas.
20 A la fin, on lit : Du don de Monseigneur Maistre Rouland Boniface, chanoine de Rouen Dieu, à son ame, pardon face Le deuxième volume est plus loin, sous le n° $\frac{44}{27}$

30 (a) Règlements du Chapitre de Rouen. In-8°. XVIIIe
97 (a) siècle

31 Missale secundum usum Rothomag In-fol XIVe —
21 XVe siècle. Très riche et très beau manuscrit,

avec deux grandes peintures in-fol. et un grand nombre de larges bordures à rinceaux, remplis de figures de saints, d'apôtres, de chimères etc., etc. — D'une grande fraîcheur, mais mutilé dans les peintures. — Origine incertaine, mais à l'usage de la Cathédrale. Deuxième moitié du XVe siècle, selon M. de Bastard, qui croit ce manuscrit exécuté à Rouen.

37 Benedictionarium Anglo-Saxonicum. Orné de bor-
23 dures fleuronnées fort riches, dans le style grec du moyen-âge. Manuscrit précieux. In-fol. Fin du Xe siècle. 11 Saas. Décrit par Dom Gourdin, dans le *Précis* de l'Académie de Rouen de l'année 1812. Signalé par Baudelot de Dairval, dans son livre de l'*Utilité des Voyages*; par le P. Morin, dans son *Traité des Ordinations*; par le P. de Montfaucon, dans sa *Bibliothèque des Mss.*; par D. Guéranger, t. III des *Institutions liturgiques*. (Voir nos premières *Recherches*, p. 6.)

38 Chartularium vetus. (De la Cathédrale.) XIIIe siècle
101 et suivants. 59 Saas. Voir sur ce manuscrit la réfutation de la *Notice* de l'abbé Saas, par D. Tassin, p. 24, et Dom Pommeraie; Concil. Rothom. p. 184, 189, 265, 524 et autres.

39 Obituarium Ecclesiæ Rothom. In-4°, non catalogué
102 par Saas. XVe siècle. Un autre Obituaire de la Cathédrale (XIIIe siècle) est conservé aux Archives du département (A. Deville. *Tombeaux*, 1re édition, p. 161).

41 Obituarium Ecclesiæ Rothom. In-4°, XVIe siècle,
104 Ayant appartenu à MM. Louis et de Bretteville, chanoines

42 Beau Rituel latin, in-fol., avec miniatures. Com-
24 mencement du XVe siècle. C'est le Rituel de l'archevêque Robert de Croixmare dont nous avons parlé plus haut, p. 7.

44 Obituarium Capituli Rothom. In-fol. Commencé
26 en 1329. Non catalogué par Saas qui en mentionne un différent. On y trouve les pièces suivantes :

1° Consuetudines Ecclesiæ Rotomag. ;

2° Fondations dans l'église métropolitaine de Rouen ;

3° Fondation et distribution du pain des Matines.

4° Appel de la délibération du Chapitre pour ses *Cuilibets* ;

5° Signification au Chapitre de la Cathédrale de Rouen, par Jacques Masqueret, curé de Saint-Herbland, d'une ordonnance de visite en l'église métropolitaine, à luy adressée par le cardinal de Joyeuse, archevêque de Rouen.

45 Obituaire des chanoines de Notre-Dame de Rouen.
105 In-4°, 1586.

46 Breviarii Rothom. pars altera. In-fol. 2 col. XIVe
27 siècle. 27 Saas. Le premier volume est sous le n° Y $\frac{1°}{20}$.

47 Rituale ad usum Eccl. Metrop. Rotomag. In-4°,
28 à la fin, le Réglement du Chapitre. XVIIIe siècle, non catalogué par Saas. Voir plus haut le n° 30 (*a*).

48/29 Rituale (ordinarium), provenant de la Cathédrale de Rouen. In-fol. XIVe siècle. Probablement le n° 26 de Saas qui le dit déposé aux Archives. C'est dans ce volume, au 26e feuillet après le calendrier, que se trouve le cérémonial de la fête de l'âne, copié par du Cange Gloss. v° festum asinorum. Ce cérémonial est intercalé dans l'office du jour de la Circoncision, et non de Noël, comme le dit du Cange. Cet office occupe trois feuillets.

Ce volume est divisé en deux parties ; la première correspond au propre du temps, et la deuxième au propre des saints. En tête du feuillet qui commence la deuxième partie on lit : Mon lieu naturel est la grande sacristie de l'église métropolitaine de Rouen, pour y être consulté, quand on a quelque doute sur l'office du chœur.

49/106 Livre d'église à l'usage de Rouen (Breviarium). XIVe siècle. 30 Saas.

50/30 Breve per totum annum. In-fol. Secundum usum Rothomag. XVe siècle. Non catalogué par Saas. On lit à la fin cette suscription : Magistro Johanni Lebas scripsit, precio soluto. Voir sur ce volume : *Voyages liturgiques* de Lebrun-Desmarettes, p. 310 et passim. Il en a extrait près de 30 pages Voir aussi Saas, Notice des Mss. p. 81. (Ce qui précède s'applique au n° précédent 48/29, et non à celui-ci qui est évidemment trop récent pour que Lebrun-Desmarettes ait pu lui attribuer 630 ans d'antiquité. Au reste ce manuscrit paraît évidemment une copie du numéro précédemment cité. Il a exactement la même étendue).

51 Breviarium ad usum Eccl Rotom. t. Ier, in-4°.
107 Pars hyemalis. XVe siècle. 29 Saas, avec bordures peintes. Très beau manuscrit, d'une parfaite conservation.

52 Breviarium ad usum Rotomag. Pars æstivalis, t. IIe,
108 in-4°. XVe siècle. 29 Saas. Beau manuscrit, bordures soignées.

53 Manuale secundum usum Rotomag. In-4°, beau
31 manuscrit avec bordures et une grande miniature. Commencement du XVe siècle. 33 Saas.

54 Benedictiones, Orationes et Capitula ad usum Ro-
32 tomag. Caractères romains d'une belle exécution. In-fol. XVIIe siècle. Provenance incertaine, probablement de la Cathédrale, comme on pourrait l'induire d'un office à la fin duquel on lit le nom de M. de La Roque, trésorier du Chapitre. Plusieurs gravures enluminées.

57 Officium ad visitandum infirmos ad usum Rotho-
34 mag. In-4°. XIVe siècle. 34 Saas; du don de Guillaume Cappel, chanoine.

58 Collectarium curiosè compositum ad usum Ec-
35 clesiæ Rothomag. In-fol. XIVe siècle. Avec zodiaque et fort belles initiales. 23 Saas.

80 Histoire de l'Académie de l'Immaculée Conception
55 de Rouen, depuis 1701 jusqu'en t. III, in-fol., non catalogué par Saas. XVIIIe siècle. A réunir au n° 84 suivant.

82/57 Recueil des Palinods In-fol. XVI siècle. 61 Saas.

84/59 Chants royaux sur l'Immaculée Conception, depuis 1519 jusqu'en 1528. In-fol. A réunir au n° 80 précédent comme de même transcription. XVIIIe siècle.

85/114 Palynods. XVIe siècle. In-fol. 60 Saas.

119/128 Breviarium secundum usum Ecclesiæ Sagiensis in-12. XVe siècle. 32 Saas.

120/129 Missale Ebroicense. In-4. XVe siècle. En très mauvais état. — Archevêché. Monseigneur Lenormant.

54 bis Heures à l'usage de Rouen. 25 volumes. Avec ou sans miniatures. Le n° 54 bis correspond au n° 39 de l'abbé Saas.

Manuscrits de la Bibliothèque Impériale, provenant de l'Église de Rouen.

1245. — Regestrum visitationum Archiepiscopi Rothomagensis (Eudes Rigaud). Petit in-4° de 387 feuillets en parchemin, relié en veau. Cursive serrée et chargée d'abréviations. XIIIe siècle. Entra à la Bibliothèque du Roi avec le fonds de Gaignières (Voir nos premières *Recherches*, p. 40 et suiv.). A été publié pour la première fois par M. Théodose Bonnin. In-4°. Rouen ; Lebrument. 1847.

— Pouillé, du même archevêque. Vendu, il y a quelques années, à la Bibliothèque Royale par le libraire

Techener (renseignement de M. Léopold Delisle). Nous ne connaissons ni le numéro ni le titre latin de ce manuscrit. Il en existe une bonne copie aux Archives du département de la Seine-Inférieure.

Nous devons au même savant l'indication de plusieurs autres manuscrits de la Bibliothèque Impériale, qui paraissent avoir appartenu originairement au Chapitre de Rouen.

N° 992. — Fonds Bigot. Obituaire de l'église de Rouen. XVe siècle.

N° 993. — Fonds Bigot. Obituaire de l'église de Rouen. XVIe siècle.

N° 5660. — Fonds Bigot. Obituaire de l'église de Rouen. (Voir nos premières *Recherches*, p. 40.)

N° 3658. — Fonds Bigot. Traité de Thomas Bazin, chanoine de Rouen, contre Paul de Middelbourg. Sur ce manuscrit et sur tous les ouvrages de Thomas Bazin, voir l'excellent travail de M. Quicherat (*Biblioth. de l'école des Chartes*, 1re série, t. III).

N° 5194. — Fonds Colbert. Manuscrits du savant Jean Leprevost, chanoine de Rouen. In-folio. Intitulés : Brevis ad Annales Ecclesiæ Rothomag. Isagoge. Et : In Annales Ecclesiæ Rothomag. Epitome, opera et studio Joann. Prevotii Rothomagæi, ejusdem Ecclesiæ canonici. Il en existait un abrégé en deux petits volumes in-folio, dans la bibliothèque de l'abbaye de Saint-Ouen, en 1747 (Notice des Mss. de l'église de Rouen, par l'abbé Saas, revue et corrigée par Dom Tassin, p. 57. — Voir la préface du Diarium statutum generalium, de Jean Masselin, par M. Adhelm Bernier.

N° 5195. — Fonds Bigot. Chronique latine des Archevêques de Rouen jusqu'en 1493.

N° 5197. — Fonds de de Cangé. Registre de 1431, contenant le nom des paroisses du diocèse de Rouen, avec les sommes d'argent qu'elles devaient au Chapitre et au trésorier de la Cathédrale.

N° 5530. — Fonds Bigot. Chronique de l'église de Rouen jusqu'en 1380. Ms. du XVIe siècle.

N° 5531. — Provenance incertaine. Éloges des Archevêques de Rouen jusqu'à François de Harlay de Chanvallon.

N° 5659. — Fonds Bigot. Chronicon Archiepiscoporum Rothom., par Jean Masselin, neveu, chanoine de Rouen. Voir nos premières *Recherches*, p. 27.

— Sur un superbe Missel du XIIIe siècle, à l'usage de la Cathédrale de Rouen, voir nos premières *Recherches*, p. 40 et 41.

— Dans la bibliothèque actuelle de l'Archevêché de Rouen. Missel, petit in-fol., XIIIe siècle, à l'usage de Notre-Dame de la Noë, ancienne abbaye de Cisterciens, entre Evreux et Conches. Cette maison comptait cinquante religieux en 1550. Au XVIIIe siècle, dépouillée de ses biens par la mauvaise administration des commendataires, elle pouvait à peine nourrir deux ou trois moines. Toutes ses chartes et ses nombreux manuscrits avaient été enlevés par Colbert. Monseigneur Lenormant s'empara du peu de livres curieux que le ministre avait laissés, entre autres du Missel qui nous occupe. Il figure sous le n° 430, dans le catalogue de la bibliothèque Lenormant, rédigé par l'abbé Saas, lorsqu'elle fut achetée par le cardinal de

Saulx-Tavannes. Enlevé avec elle de l'Archevêché en 1796 (premières *Recherches*, p. 36, 48 et 49), il y fut rapporté en 1809, lors de la formation de la nouvelle bibliothèque archiépiscopale. On lit à la fin du volume, en écriture du XIIIe siècle : Liber S. Mariæ de Noa. Quisquis eum celaverit, vel furatus fuerit, anathema sit. Amen. Laus Deo. Pax vivis. Requies defunctis.

Extrait du *Précis* de l'Académie des Sciences, Belles-Lettres et Arts de Rouen, année 1852-1853.

Rouen. — Imp. de A. Péron.

www.ingramcontent.com/pod-product-compliance
Ingram Content Group UK Ltd.
Pitfield, Milton Keynes, MK11 3LW, UK
UKHW020425180726
13839UKWH00003B/1387